ROBOTS™

RODNEY CONTRE RATCHET

Écrit par Kathleen W. Zoehfeld
D'après le scénario du film de Lowell Ganz et Babaloo Mendel

Publié pour la première fois par HarperCollins, U.S.A. sous le titre *Rodney to the Rescue*

Publié avec l'accord de HarperCollins Children's Books, un département de HarperCollins Publishers Inc.

Traduction française : Bertrand Ferrier

Loi n° 49-956 du 16 juillet 1949 sur les publications destinées à la jeunesse.

ISBN : 2.01.224991.4 – Dépôt légal n° 54962 – Avril 2005 – Édition 01

Imprimé et relié par Pollina en France – n° L95859

ROBOTS™

RODNEY contre RATCHET

HACHETTE Jeunesse

CHAPITRE UN

Grandir à Écrouville

Dans le salon, un cri de bébé s'éleva :

« OUIN ! »

M. et Mme Copperbottom regardèrent leur enfant avec amour.

« Douze heures de travail, dit la maman en soupirant. Enfin, ça valait le coup ! »

Ils venaient de construire leur bébé robot en kit, et celui-ci leur décochait déjà d'adorables sourires !

Le papa prit son fils dans ses bras.

« Regarde notre Rodney Copperbottom ! Comme ses yeux sont brillants ! Oh, ma chérie, je ne sais pas comment je vais me débrouiller, mais je vais m'arranger pour qu'il ne manque de rien ! »

La vie à Écrouville n'était pas facile pour les Copperbottom. À chaque anniversaire, Rodney n'avait pas droit à de nouvelles pièces métalliques comme les autres petits robots. Plus il grandissait, plus ses pièces étaient de bric et de broc, ses joints détendus.

M. Copperbottom était lave-vaisselle, il faisait la vaisselle dans le restaurant de M. Gunk. Quand il était gamin, il avait rêvé de devenir musicien. Mais ce n'était pas un robot avec option musique : pas de jolis cuivres, pas de cordes vibrantes. Au lieu de cela, il avait une machine à laver la vaisselle pile au milieu du ventre.

Hélas ! il avait beau rapporter du travail à la maison tous les soirs, il gagnait rarement assez pour joindre les deux bouts.

Quand Rodney reçut ses pièces de grand, il alla travailler dans le même restaurant que son père. Cependant, Rodney avait un rêve : il voulait devenir inventeur, à l'instar de son héros préféré, Bigweld.

Chaque semaine, sans exception, le jeune robot et son père regardaient ensemble leur émission préférée, le *Bigweld Show*. Bigweld dirigeait la plus importante et la plus brillante usine de Robot Ville.

« Tous les jours, des robots viennent d'ici et d'ailleurs apporter de nouvelles idées, expliquait-il. Et je les écoute tous, tous, tous, car on ne peut pas deviner lequel d'entre eux va révolutionner notre vie. Souvenez-vous : un robot peut être neuf, d'occasion ou fait de bric et de broc, c'est pareil ! Peu importe votre matière, vous devez toujours rester fiers...

– C'est de moi qu'il parle, Papa ! s'écria Rodney.

– Bien sûr, fiston ! lança son père en riant.

– Vous savez, j'adore bricoler, poursuivait Bigweld à la télévision. Mais à quoi bon inventer quelque chose qui ne servirait pas à améliorer la vie ? Soyons utiles à ceux qui en ont besoin !

– Il a raison ! s'exclama Rodney. Je vais chercher ce qui peut être utile à ceux qui en ont besoin. D'accord, Papa ? »

M. Copperbottom ne réagit pas. Épuisé, il s'était déjà endormi.

Soir après soir, Rodney bricola dans sa chambre. Il voulait mettre au point un nouveau robot – un robot qui pourrait aider les autres robots débordés, comme son papa.

Un jour, il y parvint. Il l'appela le Wonderbot. Rodney l'apporta au restaurant où il travaillait avec son père.

Le personnel de cuisine poussa des cris admiratifs en voyant le Wonderbot se mettre à bouger, prendre des assiettes, les vider, les laver, les sécher et les ranger en même temps.

« Wouah ! s'exclamaient-ils. Trop fort ! Bravo !

– Qu'est-ce que c'est que ça ? siffla M. Gunk, le patron.

– Une invention de mon fiston ! expliqua M. Copperbottom, très fier.

– Mais qu'est-ce qu'il fabrique ? rugit le patron.

– Hurlez moins fort s'il vous plaît..., intervint Rodney. Vous lui faites peur ! »

Effrayé par les grognements de M. Gunk, le Wonderbot s'était, en effet, mis à trembler... au point de perdre le contrôle de ses mouvements ! Il bondissait à travers la cuisine, sautant sur les assiettes et cassant les bols.

« Nettoyez-moi ce chantier ! » cria M. Gunk à M. Copperbottom.

Puis il se tourna vers Rodney, l'index menaçant :

« Quant à toi, dehors ! Un inventeur ? Laisse-moi rire ! Fils de lave-vaisselle tu es, fils de lave-vaisselle tu resteras ! »

CHAPITRE DEUX

Rodney arrive à Robot Ville

Rodney comprit qu'il était temps de changer d'air. Il devait aller à Robot Ville et rencontrer son idole, Bigweld. Il voulait trouver un métier pour aider son père à rembourser les dégâts.

« Je n'arriverai à rien, si je reste là ! dit-il à ses parents. Je veux être inventeur. Je veux devenir quelqu'un ! »

Sa maman le serra très fort contre elle. Elle sécha ses larmes et lui adressa de grands gestes quand il monta dans le train pour Robot Ville.

« Je ne vous laisserai pas tomber ! promit Rodney. Vous serez fiers de moi ! »

Robot Ville était une ville étourdissante ! Des robots de tous les genres allaient et venaient en courant. Rodney monta dans la Grande Roue – une espèce d'escalier mécanique qui permettait d'accéder au Bigweld Express. Mais quand il déboucha devant les Industries Bigweld, les choses ne se passèrent pas comme il l'avait prévu.

Un vigile appelé Tim était en faction devant l'entrée.

« J'aimerais voir M. Bigweld, expliqua Rodney. Je suis inventeur.

– Désolé, gamin, répondit Tim. On n'entre pas. Ce sont les nouvelles instructions.

– Quoi ? Alors comment engagent-ils les nouveaux inventeurs ?

– Ils ne les engagent pas. C'est fini, tout ça… Tu veux un conseil ? Reviens… deux ans en arrière ! »

Et Tim éclata de rire en entendant sa propre blague.

Rodney fit un pas en arrière.

« Je reviendrai ! prévint-il. Vous ne pouvez pas m'en empêcher !

– Un peu, que je le peux ! J'ai des ordres : "Dehors les nuls !"

– Je ne suis pas un nul !

– Mais si ! Si tu étais un bon, tu serais dans la salle de conférence, avec les grosses pointures. »

Tim désignait une baie vitrée au sommet de l'immeuble.

Là-haut, Phineas T. Ratchet, le nouveau patron des Industries Bigweld, était occupé à détruire ce que Bigweld avait construit.

Il toisa ses interlocuteurs du regard et déclara :

« Qu'est-ce qui rapporte de l'argent ? Ce qui est nouveau ! Arrêtons de dire aux gens que, peu importe leur matière, ils doivent toujours rester fiers. Il faut qu'ils aient honte de ce qu'ils sont pour avoir envie d'être plus modernes et de nous acheter nos dernières créations. Vu ?

– Il a raison ! murmurèrent les robots. Il a complètement raison !

– C'est pourquoi j'ai imaginé un nouveau slogan : *Pourquoi ne pas être beau quand on peut changer de peau ?*

– Wouah ! Génial ! »

Tout le monde était d'accord avec Ratchet. Sauf une très jolie jeune cadre. Elle s'appelait Cappy et croyait encore aux idéaux de Bigweld.

« À quoi bon vendre des nouveaux gadgets aux robots ? demanda-t-elle. Il vaut mieux leur proposer des pièces détachées ! Ça leur reviendra moins cher, et nous…

– Parce que, dorénavant, nous ne fabriquerons plus de pièces détachées ! cracha Ratchet en tapant du poing sur la table. Ce n'est pas rentable. »

Pendant ce temps, Rodney avait trouvé un moyen de s'infiltrer. Le Wonderbot l'avait déposé sur le toit. Pendant que Ratchet finissait son discours, Rodney s'était glissé par une fenêtre… et était tombé juste à côté de Cappy.

Il n'avait jamais vu un robot aussi beau avant ; cependant, il essaya de contenir ses émotions.

« Je suis un jeune inventeur, annonça-t-il à Ratchet. J'ai toujours rêvé de venir à Robot Ville présenter mes idées à M. Bigweld. Mais, apparemment, il n'est pas là.

– Non, merci bien, ricana le grand robot. C'est moi qui commande en son absence.

– Alors, je vous propose de vous montrer ce que mon Wonderbot sait faire.

– J'ai une autre proposition. C'est moi qui vais te montrer ce que ton Wonderbot peut faire. »

Ratchet le prit et le jeta par la fenêtre.

« Non ! » cria Cappy.

L'instant d'après, Rodney était enlevé du sol par une grue munie d'un aimant, et projeté dans la rue. Retour case départ !

CHAPITRE TROIS

Déjà trop vieux !

Dehors, aimanté par la grue, Rodney se mit à attirer des tas d'ordures. Écrous, boulons, bouts de métal, poubelles – tout volait vers lui et lui collait dessus depuis qu'il était expulsé des Industries Bigweld.

CLANK ! Un réservoir à oxygène croisa son chemin et le télescopa. Déséquilibré, Rodney bascula. Des étincelles jaillirent.

BRAOUM ! L'oxygène explosa, envoya Rodney fuser dans la rue. Direction : la poubelle, où il resta, tout bosselé et inconscient.

Lorsque Rodney revint à lui, il avait un drôle de picotement dans le pied. Quelqu'un chantait :

Je suis une petite théière
Pas très grande mais j'en suis fier…

Le robot chanteur était en train d'enlever un pied de Rodney !

« Hé ! » hurla Rodney.

Le robot se mit à courir.

« Mais tu as pris mon pied ! » protesta Rodney.

Le voleur heurta des tonneaux qui se vidèrent de leur contenu : des roulements à billes ! Les robots glissèrent sur le sol. Rodney tenta d'attraper son pied volé. Le voleur bondit pour lui échapper. Tous deux glissaient sur les billes comme un couple de patineurs artistiques.

Le voleur se dégagea... et fonça dans un mur.

VLAAAM !

« Aïe ! » gémit-il.

Sa tête se démit et tomba par terre.

« Super ! grogna-t-il. Tu es content, maintenant ?

– Non, rétorqua Rodney, je veux d'abord récupérer mon pied, sale voleur ! »

Et il l'arracha au robot sans tête.

« Je ne suis pas un voleur, affirma l'autre. Je m'appelle Fender et je suis ferrailleur. »

Rodney rattacha son pied. Puis il proposa à Fender de lui remettre la tête en place.

« Non, non, je vais m'en occuper, dit la tête. J'ai ma petite fierté, tu vois... »

Mais quand le corps de Fender se pencha pour récupérer la tête, il la repoussa malencontreusement de plus en plus loin. Elle rebondissait comme une benne à ordures pleine de ferraille. Non loin, ses amis – Lug, Crank Casey, Diesel Springer et la petite sœur de Fender, Piper Pinwheeler – cherchaient des pièces de rechange. C'étaient des ferrailleurs, eux aussi. Ils s'étaient autosurnommés les Rouillés.

« Hé, regardez-moi ça ! s'exclama Piper en brandissant le Wonderbot de Rodney.

– AAAAÏEUH ! » cria la tête de Fender tandis que son corps s'effondrait sur elle dans une poubelle.

Piper regarda dans la poubelle et soupira :

« Qu'est-ce qui t'arrive encore, Fender ? »

Rodney désigna le Wonderbot :

« C'est à moi !

– C'est sa faute ! grogna Fender. Il m'a fait perdre la tête !

– Salut, toi ! lança Piper à Rodney. Tu sais que tu es plutôt pas mal ?

– Arrête tes âneries, Piper ! intervint Crank. Il faut qu'on répare Fender ! »

Piper rendit le Wonderbot à Rodney.

« À plus ! » lui dit-elle.

Les Rouillés transportèrent Fender au magasin de Jackhammer. Mais, à leur arrivée, Jack leur apprit qu'il n'avait plus de pièces de rechange. Il fallait changer tout le système. Fender était trop vieux.

« Moi, trop vieux ? glapit Fender, paniqué. Je suis presque encore un bébé !

– Désolé, l'ami. Tu as le choix entre tout changer... ou te retrouver à la décharge. »

Les Rouillés commençaient à s'inquiéter, quand Piper s'exclama :

« Personne ne va à la décharge ! On n'est pas bons à jeter. On n'est pas des vieilleries. Et on ne se laissera pas traiter comme ça ! »

CHAPITRE QUATRE

La pension de Tante Fanny

Les Rouillés tentaient de raccrocher la tête de Fender à son corps quand une voix s'éleva :

« Moi, je peux le réparer sans problème. » C'était Rodney.

Piper s'écarta pour le laisser essayer.

« Ne bouge pas, Fender ! conseilla le jeune robot. Même si ça risque de te chatouiller… »

Il fit pivoter la tête du robot, resserra un écrou… et les Rouillés arrivèrent à la conclusion que, s'il réussissait à réparer Fender, Rodney était digne d'être leur ami.

« Comment as-tu atterri dans une poubelle ? » lui demandèrent-ils.

Rodney leur raconta sa visite aux Industries Bigweld.

Les Rouillés se mirent à rire.

« Bigweld est parti, expliqua Piper. Il a disparu. C'est comme s'il n'avait jamais existé.

– Sauf qu'il existe, rétorqua Rodney.

– On dit qu'ils l'ont viré, rapporta Crank. Et qu'ils attendent désormais que nous tombions en pièces. Voilà pourquoi ils ne veulent pas réparer le cou de Fender.

– Et si tu tombes en pièces pour de bon, les Balayeurs t'avalent. »

À cet instant, un Balayeur passa en faisant claquer ses horribles mâchoires. C'étaient des machines puissantes, qui broyaient les déchets métalliques.

« Brrr..., gémit Crank. Ça me donne des frissons !

– Bon, tu as fini ou quoi ? s'enquit Fender, impatient.

– Ça devrait marcher », dit Rodney.

Fender tourna la tête... et s'époumona à l'intention du Balayeur :

« Regarde ! Non mais, regarde ! Mon cou est nickel ! Tu peux toujours courir si tu crois que je vais tomber en morceaux devant toi ! »

Il agita le derrière pour narguer le monstre qui s'éloignait.

Et l'une de ses fesses heurta le sol avec un gros CLANK !

Les Rouillés n'avaient pas conscience du danger qui les guettait. En effet, les Balayeurs se rendaient à un entrepôt où la redoutable Mme Gasket avait établi sa Casse géante Chop Shop. Avec ses sbires, elle se chargeait de recycler les vieux morceaux afin d'en faire du métal neuf... pour les Industries Bigweld.

Mais les Balayeurs ne broyaient pas seulement les pièces détachées. Ils s'attaquaient aussi aux robots en état de marche s'ils n'avaient pas la chance d'être du dernier cri ! Or, Mme Gasket était la mère de Ratchet (ce qui restait secret...). Elle avait donc décidé de se débarrasser des vieux robots et de Bigweld dé-fi-ni-ti-ve-ment...

Par chance, les Rouillés parvinrent chez Tante Fanny. Fender ouvrit la porte et invita Rodney à entrer.

« Quand ils arrivent à Robot Ville, les invités des Rouillés logent à la Pension de Tante Fanny », déclara-t-il.

Tante Fanny était un robot très gentil, qui s'occupait des nécessiteux. En réalité, elle n'était la tante de personne ; mais elle était constituée d'un gros ventilateur[1] d'où son nom.

1. Un ventilateur se dit « a fan » en anglais.

Elle confirma à Rodney qu'il était le bienvenu.

« Merci beaucoup, c'est très aimable à vous, répondit le robot.

– Je t'en prie. Soyons utiles à ceux qui en ont besoin, non ?

– Hé ! C'est Bigweld qui dit ça ! »

Normal. Bigweld était aussi l'idole de Tante Fanny !

Le lendemain matin, au petit déjeuner, Tante Fanny offrit à ses pensionnaires une bonne ration de graisse toute fraîche. Rodney était ravi d'avoir trouvé un endroit confortable où dormir et prendre ses repas. Mais cela n'avait pas mis un terme à ses soucis.

« Qu'est-ce que vous faites, les gars, aujourd'hui ? » s'enquit Rodney.

Fender hésita :

« Ben, euh… Rien, comme d'habitude !

– Quoi ? s'exclama Rodney. M. Bigweld a disparu et vous restez là, assis par terre, au lieu d'aller manifester ou… »

Des cris l'interrompirent. Rodney et les Rouillés bondirent sur leurs pieds pour aller voir dehors ce qui se passait. Et là, surprise ! Une foule de robots paniqués dévalait la rue…

CHAPITRE CINQ

Rodney décide d'être utile

La foule inquiète des robots se rassemblait devant le magasin de Jackhammer.

« Des pièces de rechange, on veut des pièces de rechange ! scandaient-ils en rythme.

– Désolé, les gars, répondait Jack, il n'y en a plus. Désormais, il faut tout changer. »

Un camion arriva sur ces entrefaites. Sa remorque était barrée par une photo de Ratchet. On y lisait :

« NOUVEAUX SYSTÈMES ».

Soudain, quelqu'un montra Rodney du doigt et lança :

« C'est pas lui, celui qui a réparé le cou de Fender ? »

Rodney était une célébrité !

La foule en folie l'entoura et le supplia de lui apporter son aide. Il y avait de tout : des bras cassés, des yeux enlevés, des fesses tombées à terre. Chacun avait un problème particulier ! Rodney était débordé.

« Reculez ! » exigea Fender.

Il essayait de protéger son ami de la bousculade.

Mais Rodney se tourna vers le camion où trônait la photo de Ratchet. Une lueur déterminée s'alluma dans

son regard. « Soyons utiles à ceux qui en ont besoin », disait Bigweld…

L'instant d'après, Rodney s'était installé pour réparer ce qu'il pouvait, avec l'aide des Rouillés.

Pendant ce temps, dans la Casse géante Chop Shop, Ratchet était allé rendre visite à sa mère, pour lui apprendre qu'il progressait. Bientôt, il n'y aurait plus de robots obsolètes. Mme Gasket le félicita :

« Brave garçon… Bon fils… Il ne te reste plus qu'à en finir avec Bigweld !

– Mais ce n'était pas prévu ! » protesta Ratchet.

Sa mère le convainquit alors qu'ils devaient absolument se débarrasser de Bigweld pour que leurs rêves deviennent réalité…

De retour chez Tante Fanny, Rodney manquait de tout : de matériel et d'idées. La file d'attente des robots qui avaient besoin de lui semblait s'étendre sur des kilomètres !

« Il n'y a qu'une façon de résoudre ce problème, affirma Rodney aux Rouillés. Il faut retrouver Bigweld. »

Le Wonderbot attira leur attention. Il déroulait une affiche sur laquelle on lisait :

« GALA DE BIGWELD CE SOIR ! »

« Mais c'est bien sûr ! s'exclama Tante Fanny. Je suis certaine que Bigweld y sera !

– Alors, j'y serai aussi », décida Rodney.

CHAPITRE SIX

Gâcher la fête

Seuls les robots à la mode étaient invités au Gala des Industries Bigweld. Donc ni Rodney ni les Rouillés.

Tim, le vigile, était posté à l'entrée pour empêcher les intrus de s'introduire dans le bâtiment.

« Je peux vous aider ? » grogna-t-il en voyant arriver Fender et Rodney.

Ce dernier avait créé lui-même son déguisement : un costume étincelant – on l'aurait cru flambant neuf !

Pour sa part, Fender portait une cape. Il s'avança et déclama :

« Place ! Place pour Sa Seigneurie le comte von Brokenzipper ! »

Tim jeta un œil sur sa liste d'invités.

« Où sont les trompettes pour annoncer notre arrivée ? s'inquiéta Fender.

– Les tr… Ben, c'est-à-dire que vous n'êtes pas sur la liste…

– Ah, vous le prenez sur ce ton ? s'emporta le robot. Eh bien, parfait ! Vous expliquerez à vos supérieurs que vous avez empêché Sa Seigneurie d'assister à leur petite sauterie ou à leur… comment dites-vous ? misérable surboum. Nous repartons sur-le-champ, mais vous en subirez les conséquences ! »

Tim devint nerveux :

« Non, non, je vous en prie… Entrez, entrez donc…

– Bien joué, Fender ! » murmura Rodney.

Fender lui adressa un petit salut. Le Wonderbot s'envola.

« Séparons-nous, suggéra Rodney. Si tu vois Bigweld, préviens-moi. Et si la fête tourne au vinaigre, avertis-moi ! »

À l'autre bout de la pièce, Ratchet l'impitoyable draguait pitoyablement la belle Cappy. Il lançait des cacahuètes en l'air et tentait de les gober d'un coup pour impressionner sa proie. Mais, quand il se tut pour les avaler, sa victime en profita pour déguerpir…

… et tomba sur Rodney.

« On s'est déjà vus quelque part…, affirma-t-elle. Je sais ! Le garçon volant !

– Ah bon ? Je… Je… »

Rodney avait du mal à parler. En plus, il craignait que Cappy ne le trahît.

« Youh-ouh, Cappounette ! appela Ratchet. Où es-tuuu ?

– Vite, danse avec moi ! exigea Cappy en enlaçant Rodney et en l'entraînant sur la piste, loin de Ratchet.

Dès qu'il eut trouvé le bon rythme, Rodney s'aperçut qu'il aimait danser. Il passait un bon moment, mais n'en scrutait pas moins la foule à la recherche de Bigweld. En vain.

Le présentateur prit la parole :

« Mesdames et Messieurs les honorables robots, voici venu le grand moment : le discours de…

– BIGWELD ! cria Rodney.

– PHINEAS T. RATCHET ! » rugit le présentateur.

Bigweld n'avait pas pu venir, à ce qu'il semblait. Rodney était sous le choc.

« Mais… mais… c'est incroyable ! souffla-t-il.

– Qu'est-ce que tu as ? Tu veux qu'on te rembourse, peut-être ? ricana Ratchet.

– Je suis venu rencontrer Bigweld, avoua Rodney en prenant son courage à deux mains.

– Sécurité ! glapit Ratchet. On a un intrus, ici !

– Exact », admit Rodney.

Et il ôta son déguisement.

« J'ai dû mettre ce truc pour m'introduire ici et demander à Bigweld de ne pas envoyer des millions de robots à la casse.

– Des millions ! Qu'en sais-tu ?

– J'ai passé la journée à les réparer. »

Ratchet reconnut le trouble-fête :

« C'est déjà toi qui avais interrompu la réunion, l'autre jour ! »

Rodney faisait des signes frénétiques à Fender.

Ratchet prit un vigile à part.

« Emmenez-le faire un petit tour, dit-il. Et ramenez-le-moi transformé en trombones !

– NON ! intervint Cappy.

– N... non ?

– Je me charge de l'expulser moi-même. »

Elle avança d'un pas vers Ratchet et lui décocha un sourire très troublant.

Le robot hésita, gêné.

Cappy poussa Rodney devant elle et lui ordonna :

« Bouge-toi !

– Qu'est-ce que vous faites ?

– Je te sauve la vie, chuchota-t-elle.

– Laissez-le tranquille ! » cria Fender.

Cappy l'envoya à terre :

« Pousse-toi, imbécile ! »

Rodney lui présenta rapidement son copain. Puis il les saisit tous deux par les poignets et courut vers la porte.

Derrière eux, Ratchet était furieux. Car le Wonderbot avait entamé une farandole endiablée, et Ratchet s'était retrouvé coincé dans la file !

Rodney et ses amis étaient sauvés…

Pour le moment.

CHAPITRE SEPT

À la recherche de Bigweld

Fender s'éloigna en compagnie d'une jolie jeune femme qu'il venait de rencontrer. Rodney et le Wonderbot sautèrent, eux, dans la voiture de Cappy.

« C'est fou ! s'écria Rodney dès qu'ils furent hors de portée de Ratchet. Comment as-tu osé faire ça ?

– Bof..., répondit Cappy. Pour une fois qu'on s'amuse à une soirée !

– Bon, on fait quoi, maintenant ?

– Je te raccompagne chez toi.

– Oh ! non ! rétorqua Rodney. Il faut trouver Bigweld. »

Cappy était inquiète. Si on la surprenait avec Rodney en train de chercher Bigweld, elle risquait tout. Son travail. Son avenir. Et leur vie.

Quelle déception, pour Rodney ! Comment Cappy avait-elle pu oublier ce que Bigweld avait fait pour les robots ?

« La prochaine fois que tu choisiras ton nouveau système, vérifie s'il est fourni avec une conscience ! » grogna-t-il.

Cappy réfléchit à ce que Rodney venait de dire et comprit qu'elle devait l'aider à retrouver Bigweld. Elle conduisit jusqu'à la maison de l'inventeur.

« Au moins, on aura essayé..., lâcha-t-elle en observant la bâtisse. Mais il n'y a personne. »

Rodney protesta :

« Attends ! Regarde ces journaux et ce courrier !

– Ça date sûrement de plusieurs années », suggéra Cappy.

Un robot vendeur de journaux passa et jeta la dernière édition dans leur direction. « Chtoc ! » fit le journal en heurtant Cappy en pleine figure. « TROUBLE-FÊTE AU GALA ! » disait la une.

Mais Rodney devait l'admettre : l'endroit paraissait désert. Et les hommes de main de Ratchet étaient sans doute à leurs trousses à l'heure qu'il était...

« Viens, il faut filer ! conseilla Cappy.

– Pas encore ! » dit Rodney en poussant l'énorme porte d'entrée.

Elle grinça sur ses gonds et s'ouvrit. Cappy entra dans le hall sombre à la suite de Rodney. Ensemble, ils virent l'atelier de Bigweld et ses inventions stupéfiantes. Tout était calme, comme si Bigweld était parti au beau milieu d'un projet pour ne plus revenir.

Soudain, Rodney avisa une rangée de dominos alignés debout sur le sol.

« Oh ! C'est exactement pareil que dans son émission... » murmura-t-il.

Il se mit à quatre pattes pour y regarder de plus près.

« Sauf que c'est plein de poussière, constata-t-il en soufflant.

– Non ! cria Cappy. Quelqu'un va savoir qu'on est passés par-l... »

Trop tard !

Le premier domino tomba. Et le suivant. Et ainsi de suite. Impossible de les arrêter. La rangée de dominos conduisit les jeunes robots vers une immense salle remplie d'innombrables dominos, dessinant le visage de Bigweld. Rodney et Cappy furent balayés par de formidables successions de vagues.

BAM !

Rodney et Cappy virent une haute silhouette émerger. C'était Bigweld ! Cappy et Rodney en restèrent bouche bée.

« Remettez tout comme c'était avant votre arrivée ! ordonna l'inventeur. On va même rajouter des dominos ! Commencez ici !

– C'est… c'est ça qui vous a occupé ? demanda Rodney. C'est ça qui vous a retenu ici ?

– Les bavards ne sont jamais les bienvenus », répondit Bigweld.

Et il entreprit de reconstituer son œuvre.

Rodney n'en croyait pas ses yeux. Comment Bigweld pouvait-il jouer à ça quand Robot Ville vivait une crise aussi terrible ?

« Montre-lui ce que tu as fabriqué, proposa Cappy en désignant le Wonderbot.

– C'est quoi, ce gadget ? marmonna l'inventeur. Un truc ? Un bidule ?

– En fait, c'est…

– M'intéresse pas.

– Mais je… »

Bigweld soupira :

« Bon, bon, d'accord, finissons-en. Vas-y, étonne-moi ! »

Rodney s'adressa au Wonderbot :

« N'aie pas peur. Montre à M. Bigweld ce que tu sais faire. »

Hélas ! le Wonderbot se mit à trembler. Comme devant M. Gunk. Il resta tranquille un moment… puis une EXPLOSION le secoua.

« Tu veux un conseil ? lança Bigweld. Laisse tomber.

– Vous voulez que… que j'abandonne ?

– J'ai dit "laisser tomber". Mais "abandonner" fera l'affaire.

– C'est vous qui avez abandonné ! accusa Rodney. Vous vous êtes réfugié chez vous, tandis que Ratchet massacre les robots en les privant de pièces de rechange ! »

Cappy prit Rodney par le bras et l'entraîna vers la sortie.

« Tu as raison, Cappy, dit le jeune robot d'une voix sombre. Il vaut mieux que j'aille reprendre le train. Bigweld est mort. »

CHAPITRE HUIT

À l'assaut !

Cappy et Rodney attendaient tristement le train quand la voix de Tante Fanny leur parvint :

« Attends, Rodney… Attends ! Ne pars pas tout de suite ! »

Elle lui tendit sa valise.

« Les autres veulent te dire au revoir », ajouta-t-elle, le souffle court.

Elle ouvrit la trappe de son gros ventilateur. Lug, Diesel, Piper et Crank en jaillirent.

Rodney présentait Cappy à ses amis lorsque la voix de Fender retentit.

« Viiiiiiite ! Un ticket pour n'importe où ! »

Les Rouillés le regardaient, stupéfaits. Il semblait bizarre… enfin, encore plus bizarre que d'habitude ! Il avait perdu ses fesses. À la place, il s'était vissé des fesses et une paire de jambes de femme !

« Qu'est-ce qu'il t'arrive, Fender ? demanda Lug.

– Vous savez la dernière ? Les Balayeurs traquent les vieux robots et les entraînent – je veux dire : nous entraînent – dans la Casse de Mme Gasket, Chop Shop ! »

Il leur raconta comment il avait été balayé, juste après avoir raccompagné chez elle sa nouvelle petite copine. Il décrivit son cauchemar. Comment on l'avait embarqué pour la Casse. Comment il avait été projeté dedans. Comment il y avait trouvé des jambes et des fesses de rechange. Comment il avait manqué de très, très peu de se faire pulvériser par les horribles mâchoires métalliques.

« Devinez qui est derrière ça ! conclut-il.

– Ratchet ! supposa Rodney.

– Oui ! C'est le fils de Mme Gasket. Nous sommes cuits ! Nous ne passerons pas la semaine !

– Allons, détends-toi, dit Crank. J'ai un plan.

– Ah ?

– On monte tous dans le prochain train !

– Minute, papillons ! intervint Rodney. Vous avez vraiment tous l'intention d'abandonner ?

– C'est toi qui as commencé, signala Crank.

– Eh bien, c'est moi qui arrête. Il ne faut pas laisser faire Ratchet et Mme Gasket ! Nous devons nous battre !

– Se battre n'est jamais une solution, avança Tante Fanny.

– Abandonner n'est pas beaucoup plus productif », fit remarquer une voix.

C'était Bigweld ! Il avait changé d'avis.

« C'est Rodney qui a commencé ! insistait Crank.

– Du calme, du calme… » murmura Tante Fanny.

Bigweld lui lança un regard appréciateur. Puis il dit :

« Écoute, Rodney, si vous décidez de vous battre, je suis des vôtres.

– Alors, à l'assaut ! »

Le jeune robot serra la main de son idole.

« Tous ensemble ! tonna Bigweld. On va retoucher son portrait à ce Ratchet de malheur ! »

Le retour de Bigweld

Le lendemain matin, Bigweld, Rodney, Cappy et les Rouillés s'entassèrent dans la limousine de l'inventeur et passèrent le portail des Industries Bigweld.

Bigweld ordonna à ses amis de ne pas bouger.

« Vous me retrouverez dans la salle de conférence dans dix minutes ! ordonna-t-il. Ah, tu sais, Cappy, ton petit copain est un génie…

– Mais ce n'est pas mon… » commença Cappy machinalement.

Elle s'interrompit et lâcha :

« Euh, si ?

– Tu crois ? demanda Rodney.

– Merci d'avoir cru en moi », dit Bigweld.

Il se dirigea vers son Quartier Général et grogna :

« Aaaah ! C'est bon de rentrer chez soi ! »

Les cadres des Industries Bigweld regardèrent avec stupeur l'inventeur légendaire franchir les portes.

« C'est... c'est Bigweld ! » s'exclamèrent-ils.

Bigweld passa devant eux et se rendit droit devant

le bureau de Ratchet. Celui-ci téléphonait à son assistante pour lui donner ses instructions :

« Dis-lui que je ne suis pas là ! Raconte-lui n'importe quoi ! Ne le laisse pas approcher ! Fais quelque chose ! Ne... AAAAH ! »

Bigweld venait d'entrer dans son bureau.

« Ratchet, tu es viré ! s'écria l'inventeur.

– Viré ? Moi ? Pourquoi ? »

Bigweld prit le téléphone pour appeler la sécurité.

« Attendez, s'il vous plaît ! supplia Ratchet. Est-ce que je peux vous demander une dernière faveur ?

– Hum, qu'as-tu à me dire ? s'enquit Bigweld.

– Juste... prends ça ! »

Ratchet lui projeta le téléphone en pleine figure. Et Bigweld tomba par terre sans connaissance.

Quand Rodney et Cappy arrivèrent dans la salle de conférence, ils n'en crurent pas leurs yeux. Deux agents de la sécurité retenaient un Bigweld vaseux.

« Emmenez Grosse-Tête à la Casse Chop Shop, exigea Ratchet. On n'en veut plus ici ! »

Il se retourna… et vit Cappy et Rodney qui le regardaient fixement. Il ordonna aux agents de s'emparer d'eux aussi !

Mais le Wonderbot se saisit des agents et leur cogna la tête l'une contre l'autre. Rodney agrippa les épaules de Bigweld. Le Wonderbot retint l'inventeur par-derrière. Ensemble, ils poussèrent le génial inventeur devant eux… Mais, CRAAAC ! , ils basculèrent par une fenêtre.

Le Wonderbot essaya bien de ralentir leur chute. En vain : ils étaient trop lourds pour lui.

« Ça va, monsieur Bigweld ? cria Rodney pendant qu'ils dévalaient pêle-mêle l'escalier.

– Grosse-Tête à la Casse, chantonna l'inventeur. Grosse-Tête à la Casse !

– Drôle de façon de dire non », grommela Rodney.

Ratchet leur courait après en criant :

« Attrapez-les ! Trouvez-les ! Détruisez-les ! »

JBAAAM ! Il venait de s'écrouler face contre terre. Cappy lui avait fait un croche-patte. Elle se dépêcha de descendre en ascenseur. Depuis le hall d'entrée, elle vit Rodney et Bigweld dégringoler.

Les Rouillés, qui patientaient toujours dans la limousine, virent aussi Rodney et Bigweld… et les agents qui les suivaient de près !

Cappy attaqua les agents, tandis que Rodney et Bigweld passaient les portes principales. Puis elle sauta dans un camion de sécurité muni d'un gros aimant et se jeta derrière eux.

« Allez ! intervint Piper. Il faut aider Rodney ! »

Mais Fender voulait protéger sa petite sœur. Il lui ordonna, ainsi qu'à Tante Fanny, de rester derrière.

« Va y avoir du sport ! » leur expliqua-t-il en jaillissant hors de la voiture de luxe.

Rodney aperçut deux camions-aimants juste derrière lui. Il entraîna Bigweld sur un autre chemin… ouvrit la tête de l'inventeur… trifouilla pour le remettre en état… et entendit Bigweld marmonner :

« Qu'est-ce qui se passe, Rodney ? Où est-on ? »

Le jeune robot exagéra un brin :

« Tout va bien, monsieur… »

À cet instant, ils furent aspirés par l'un des camions-aimants. Mais c'était Cappy qui le conduisait !

« Sauvés ! » hurlèrent-ils.

Pas encore ! L'autre camion-aimant tentait de les attirer à lui. Et ce véhicule-là était conduit par Ratchet !

Pendant ce temps, les Rouillés les avaient rattrapés en limousine. Lug poussa Fender, Crank et Diesel par le toit ouvrant... et les Rouillés furent happés par l'aimant à leur tour. Ils se retrouvèrent collés au gros corps de Bigweld.

Ratchet continuait la poursuite de l'autre côté de la route, et les Rouillés formaient une sorte de guirlande entre l'aimant de Cappy et celui de Ratchet, qui les attirait loin de Bigweld.

« Je dois désactiver cet aimant ! » constata Rodney.

Il avança le long de ses amis... réussit à démagnétiser l'aimant de Ratchet... et tous se trouvèrent attirés par l'aimant de Cappy. Les Rouillés applaudirent :

« Victoire ! »

Sauf que lorsque Cappy leva la tête, elle se rendit compte qu'elle fonçait en plein sur la Casse de Mme Gasket !

« AAAAAH ! »

Cappy entra dans deux Balayeurs. Bigweld fut projeté loin de l'aimant... droit dans la Casse !

Les Rouillés à la rescousse

Bigweld se retrouva coincé dans un chaudron. Celui-ci pendait du plafond, fixé sur une rangée qui se dirigeait lentement vers le broyeur… Des flammes s'élevaient du broyeur à chaque fois qu'un chaudron y versait son contenu.

Bigweld se préparait à sa destruction quand, soudain, le broyeur s'arrêta. L'inventeur leva les yeux et vit Rodney et le Wonderbot qui maintenaient les mâchoires du monstre ouvert avec une barre métallique.

« Arrrgh ! s'époumona Mme Gasket. Attrapez-les ! »

Ses sbires tentèrent de désarçonner Rodney et Bigweld. Mais les Rouillés montèrent à l'assaut. Ils étaient tous arrivés habillés comme des robots hyper-mode. On aurait dit une ligue de super-héros !

« Qu'est-ce que vous voulez, espèces de nuls ? rugit Mme Gasket.

– Aider nos amis, sale sac de boulons ! »

Une sonnerie retentit, et les portes du Balayeur s'ouvrirent largement. Une horde de Balayeurs dernier cri en jaillit. Ratchet conduisait le Balayeur de tête. Les Rouillés étaient pris au piège !

BADABOUM !

Un gros morceau de mur leur tomba dessus, et Piper apparut dans l'ouverture, tout sourires.

« Tu sais quoi, Fender ? lança-t-elle, la mine gourmande. J'adore le sport ! »

Derrière elle, des centaines de robots à l'ancienne se pressaient, faisant craquer leurs articulations, prêts à se battre. Tante Fanny avait amené d'autres combattants dans son ventilateur. C'étaient tous les robots que Rodney avait aidés et qui, à leur tour, étaient venus lui prêter main-forte.

Les sbires de Mme Gasket et les amis de Rodney se jetèrent les uns sur les autres. Des bruits de chocs métalliques remplirent l'entrepôt.

Tante Fanny agitait sa grosse cuillère de bois, mais son bedon était encore plus redoutable.

Au milieu du combat, Mme Gasket arracha d'un coup sec la barre métallique qui retenait les mâchoires du broyeur. La chaîne se remit en route. Mme Gasket rit en voyant le chaudron de Bigweld se rapprocher du monstre féroce. Rodney se précipita vers l'inventeur en volant sur le Wonderbot. Lui se chargeait de Bigweld pendant que le Wonderbot faisait une diversion. Bigweld et Rodney attrapèrent la chaîne, libérèrent le chaudron et s'élevèrent droit vers le plafond.

De là, ils avaient une vue d'ensemble sur la scène. Les Rouillés étaient mal en point. Ratchet les cernait avec ses Balayeurs. Il fallait trouver une solution au plus vite ! Rodney regarda autour de lui, à la recherche de l'inspiration. Il repéra une grosse scie qui pendouillait juste au-dessus de lui.

Bigweld avait suivi son regard.

« Tu penses à ce que je pense ? demanda l'inventeur.

– Oh, oui ! » répondit Rodney.

L'instant d'après, il avait libéré la lame, et les deux amis fendaient l'air vers les Balayeurs. L'acier frôla Ratchet – il était moins une pour le grand méchant. Mais

Rodney et Bigweld avaient une autre tâche essentielle à accomplir.

Ils foncèrent sur le premier Balayeur, le projetèrent en arrière. Aussitôt, comme les dominos de Bigweld, les machines furent renversées les unes après les autres, une par une. Pendant ce temps, emportés par leur élan, Rodney et Bigweld survolaient les Balayeurs renversés. Direction : un énorme tas de débris !

Juste au-dessus d'eux, Mme Gasket se battait contre le Wonderbot. Celui-ci avait été modernisé, comme l'ensemble des Rouillés. D'une série de mouvements souples, il envoya Mme Gasket voler hors de son harnais.

Paniqué, Ratchet bascula de son Balayeur et s'accrocha à ce qu'il put : sa mère. Ils évitèrent de justesse le broyeur.

« AAAAH ! hurla Mme Gasket. Lâche-moi ! À quoi joues-tu ? »

Mais, avant que Ratchet, terrifié, eût pu répondre, la chaîne claqua… et envoya Mme Gasket dans le broyeur. Ratchet fut projeté au plafond, où il heurta une poutre. Craquements, claquements : tous les beaux systèmes modernes dont il était équipé tombèrent par terre.

Les ennemis des Rouillés étaient détruits ! Cependant, les robots regardaient le gros tas de déchets où s'étaient enfoncés Rodney et Bigweld. Avaient-ils pu survivre à un tel choc ?

C'est alors que les têtes de Bigweld et de Rodney apparurent. Les applaudissements crépitèrent.

Rodney et Cappy tombèrent dans les bras l'un de l'autre. Ils avaient réussi ! Ensemble, ils étaient parvenus à rendre Robot Ville sûre pour tous les robots, même ceux qui n'étaient pas hyper-récents !

CHAPITRE ONZE

Le retour du héros

Rodney était impatient de rentrer à Écrouville pour revoir ses parents.

« Herb ! Viens vite ! Viiiiite ! » cria la mère de Rodney en surgissant dans le restaurant.

M. Copperbottom avait peur que quelque chose de terrible ne fût arrivé à son fils. Mais, au moment où il allait suivre sa femme dehors, M. Gunk apparut à son tour. Il fulminait :

« Où croyez-vous aller comme ça ? Et la vaisselle ? »

Il n'y avait qu'une chose à faire : donner la vaisselle à M. Gunk. Puis sortir du restaurant. Ce que fit M. Copperbottom.

Là, il fut stupéfait. Toute la ville était venue saluer Rodney pour son retour. Un robot photographe leur tira le portrait. Lorsque l'effet du flash se dissipa, M. Copperbottom vit Bigweld juste devant lui.

L'inventeur lui serra la main en lui annonçant :

« Je suis venu jusqu'ici pour vous dire que votre fils, Rodney, sera désormais mon bras droit... et peut-être mon successeur !

– HOURRAH ! » hurla la foule.

La mère de Rodney s'avança pour serrer son fils et son époux dans ses bras.

« Tu sais, P'pa, sans toi, je n'aurais jamais réussi, déclara Rodney. Je serais encore dans ma chambre en train de rêvasser. »

Mme Copperbottom essuya une larme.

« Tu m'as laissé suivre mon rêve, continua Rodney. À mon tour de te donner les moyens de réaliser le tien... »

Il présenta à son père un nouveau système musical. Exactement comme Herb en rêvait ! M. Copperbottom était ému. Il entonna quelques notes. Et, bientôt, tous les spectateurs reprirent en chœur sa chanson !

Rodney avait prouvé que, peu importe votre matière, vous devez toujours rester fiers !